DE L'ÉPOPÉE FRANÇAISE

AU MOYEN-AGE

DISCOURS

PRONONCÉ A LA DISTRIBUTION DES PRIX DU LYCÉE DE NEVERS LE 4 AOUT 1879

PAR

M. PAUL BERTON

Professeur de Troisième.

BESANÇON

IMPRIMERIE DODIVERS ET Cie, GRANDE-RUE, 87.

1879

DE

L'ÉPOPÉE FRANÇAISE

AU MOYEN-AGE

DE
L'ÉPOPÉE FRANÇAISE

AU MOYEN-AGE

DISCOURS

PRONONCÉ A LA DISTRIBUTION DES PRIX DU LYCÉE DE NEVERS LE 4 AOUT 1879

PAR

M. PAUL BERTON

Professeur de Troisième.

BESANÇON

IMPRIMERIE DODIVERS ET Cie, GRANDE-RUE, 87.

1879

DE
L'ÉPOPÉE FRANÇAISE
AU MOYEN-AGE

Monsieur le Préfet (1).
Messieurs,
Jeunes élèves,

Vous ne me reprocherez point, je pense, de vous épargner en ce jour des avis et des conseils que rendraient inutiles, ou tout au moins superflus, ceux que vous recevrez bientôt de la bouche de vos parents. Je crois mieux faire et j'espère vous intéresser davantage, en vous entretenant quelques instants d'une partie de notre littérature qui, pour avoir la moindre place dans vos études classiques, n'en est pas moins attachante, sérieuse, utile : je veux parler de l'épopée française.

Il y a cent ans, un savant disait chez la duchesse du Maine : « Les Français n'ont pas la tête épique, (2) » et l'auteur de la Henriade prétendait lui-même qu'il « est » plus difficile à un Français qu'à tout autre de faire un » poëme épique, parce que de toutes les nations, la nôtre

---

(1) M. Chapron, préfet de la Nièvre.
(2) M. de Malézieu.

» est la moins poétique (1). » S'il est facile de découvrir les motifs de cette critique, il l'est plus encore d'en montrer l'inexactitude : il suffit pour cela de constater en France la présence d'épopées que n'ont pu connaître les auteurs de ces sévères jugements. En essayant aujourd'hui de vous mettre sous les yeux les titres de notre pays à un genre de gloire qui lui a été si longtemps dénié, je crois entrer dans l'esprit de l'Université, qui toujours a confondu dans un même culte la science et la patrie : un aperçu de nos vieilles épopées en vous faisant faire un pas de plus dans l'étude de notre littérature, vous apprendra du même coup à mieux connaître votre pays, partant, à mieux l'aimer.

Sans tenter une définition générale de ce qu'est un poëme épique, — mieux que des formules, la lecture le fait comprendre, — constatons d'abord qu'il y a deux sortes d'épopées, l'une qui n'apparaît qu'à l'aurore des sociétés et qui « n'est autre chose que le monument le » plus complet de l'imagination et des croyances d'un » peuple (2), » l'autre qui naît dans une civilisation déjà avancée et qui n'a plus avec son aînée que des rapports lointains. La première, venue en son temps, est l'épopée véritable ; la seconde, fruit de l'imitation, est l'épopée artificielle. C'est que les productions de l'esprit ne naissent point au hasard et qu'elles correspondent dans leur développement à un état distinct de la société : chez tous les peuples se vérifie cette parole de l'auteur de Cromwell : « Les temps primitifs sont lyriques, les temps » antiques sont épiques, les temps modernes sont dra- » matiques (3). » S'il en est ainsi, vous comprenez que

---

(1) Voltaire. — Essai sur la poésie épique. — Conclusion.
(2) Villemain. — Litt. du Moyen-Age, I, II.
(3) V. Hugo. — Préface de Cromwel.

les vastes épopées indiennes, celles qui dans la Grèce chantent la colère d'Achille ou le retour d'Ulysse, ne sauraient être assimilées à des œuvres comme l'Enéide de Virgile ou la Henriade de Voltaire : entre ces deux genres de poëme il n'y a guère de commun que le nom, les caractères et les éléments constitutifs en sont essentiellement dissemblables. Ai-je besoin de vous dire que le premier seul attirera notre attention puisqu'aussi bien c'est de lui seul qu'il s'agit, à lui seul que pensaient les critiques lorsqu'ils disaient : La France n'a point d'épopée.

La France n'a point d'épopée ! Telle a été pendant de longs siècles l'opinion commune, quand, il y a quarante ans, la découverte de vieux manuscrits [1] vint contredire les idées reçues et remettre en question la gloire épique de la France. Cette gloire, personne ne la conteste aujourd'hui, car le moyen-âge, si longtemps délaissé, a trouvé de nos jours de savants interprètes, qui, par une critique fine et profonde, ont établi ses droits à la gloire du théâtre [2] comme à celle de l'épopée [3]. Et quel temps plus propice à la production de l'épopée que celui où s'alliaient si étroitement l'héroïsme et la foi, l'enthousiasme et la naïveté, où sur les débris de la civilisation antique fleurissait une société nouvelle, régénérée par le christianisme et portant en elle avec le gage d'une longue existence le germe de bien des vertus, la semence de bien des héros ! Voyez-vous ces hommes bardés de fer qui traversent la France au galop de leurs coursiers

---

[1] La chanson de Roland a été découverte dans un manuscrit d'Oxford par M. Francisque Michel en 1836.
[2] H. Tivier. — Cours de litt. dram. en France depuis ses origines jusqu'au Cid.
[3] Léon Gauthier, Paulin Paris, etc.

rapides ? Ce sont des comtes, des barons, des seigneurs qui abandonnent leurs châteaux et leurs terres pour voler à la défense d'un peuple opprimé, repousser les Infidèles ou porter secours à des frères malheureux réduits en servitude par de cruels vainqueurs. Jetez les yeux autour de vous : de toutes parts s'offriront à vos regards surpris les emblèmes de la force : ici des forteresses dont la hauteur semble défier le vol de l'aigle, là des châteaux aux puissantes murailles dont nous admirons encore les ruines majestueuses : prêtez l'oreille et vous entendrez résonner la cloche du beffroi ou retentir le son de la trompette de guerre. Quant aux mœurs, elles n'ont plus ni le caractère presque sauvage ni la brutalité féroce des premiers siècles, elles n'ont pas encore l'aménité ni la douceur des sociétés polies ; elles sont en rapport avec les institutions, les lois, les coutumes, en deux mots, elles sont religieuses et guerrières. De là ces discordes permanentes, ces agitations continuelles, ces querelles sans cesse renaissantes qui se vidaient sur notre sol, comme sur une arène sanglante, de là des occasions pour toutes les faiblesses et pour toutes les grandeurs, pour la bassesse et la dignité, la lâcheté et l'héroïsme, l'égoïsme et le dévouement sublime, de là enfin ce singulier mélange d'éléments disparates où dominent la générosité et la violence et qui faisait dire récemment à un grand critique : « Rien ne ressemble » plus que les mœurs féodales et chevaleresques aux » mœurs décrites par Homère.[1] » Dès lors, faut-il s'étonner de cette magnifique profusion de poëmes épiques, ou, pour me servir de l'expression consacrée, de Chansons de Gestes qui remplissent la France aux XIIe, XIIIe, XIVe et XVe siècles ?

(1) Aubertin.

Que les mœurs, les institutions, les croyances aient été favorables à la production de l'épopée, c'était déjà beaucoup, il fallait plus encore : car de même qu'il ne peut y avoir de tragédie sans un personnage principal qui domine tous les autres par l'ascendant de sa vertu ou la grandeur de ses crimes, de même l'épopée ne saurait exister qu'à la condition de chanter quelque personnage extraordinaire dont le courage soit à la hauteur de toutes les entreprises et la vertu capable de tous les dévouements, un héros au relief puissant, à la personnalité agissante, et qui, mêlé à des événements qui intéressent toute une nation, triomphe de la fortune ou soit brisé par elle. Eh bien ! cet homme, ce héros, les contemporains le saluèrent dans Charlemagne : sa légende fut comme le centre autour duquel gravitèrent tous les esprits et son nom rayonna comme un astre au ciel de notre poésie. Parmi les vingt-trois poëmes inspirés par la pensée de Charlemagne et qui constituent le Cycle carlovingien, il en est un où, par un rare mérite, l'enthousiasme s'allie à la mesure, la douceur à l'énergie, la variété à la profondeur et auquel sa perfection semble avoir assuré la première place : c'est nommer la chanson de Roland. Arrêtons-nous un instant sur cette vaste composition qui suffit à elle seule pour montrer que l'épopée est bien un genre national dont la gloire nous appartient au même titre que celle de la tragédie et de la comédie.

Vous vous rappelez cette grande révolution où la dynastie des Omniades fut détruite par les Abassides, et le khalifat enlevé des mains de ceux qui en exerçaient la puissance. Echappé au massacre de sa famille, Abd-el-Rahman se dirigea vers l'Espagne où quelques Sarrasins le proclamèrent khalife de Cordoue. Mais celui de Bagdad comptait encore des partisans qui implorèrent pour les délivrer du nouveau khalife le secours de Charlemagne, lui promettant en revanche une soumission complète. A cet appel, Charlemagne réunit deux armées, traverse les Pyrénées et pénètre en Espagne. Déjà Pampelune et Saragosse sont en son pouvoir et il s'apprête à poursuivre le cours de ses conquêtes quand la nouvelle d'une révolte des Saxons vient déranger ses plans et l'oblige à repasser en hâte les Pyrénées. Tout lui faisait prévoir un heureux retour, lorsque, arrivé au défilé de Roncevaux, les Vascons et les Arabes qui y étaient postés, tombèrent sur l'arrière-garde de son armée et « tuèrent « tous les hommes jusqu'au dernier (1). » Parmi eux se trouvait Roland. Voilà le fait historique dont l'imagination populaire ne tarda pas à s'emparer en le modifiant : dans la légende, en effet, Roland devenu le neveu de Charlemagne est trahi par un des siens, vaincu par les Sarrasins et vengé par l'empereur. Si grande fut sa gloire que longtemps avant d'être consacrée par l'auteur quel qu'il soit de la chanson de Roland, elle avait été célébrée par des chants populaires dont aucun n'est parvenu jusqu'à nous. Ainsi dans la Grèce, l'Iliade et l'Odyssée avaient été précédées par des compositions poétiques d'une courte étendue que chantaient les aèdes dans les banquets royaux ou au milieu des concours poétiques (2).

Ce fait de la mort de Roland si ingénieusement altéré dans ses détails, n'offrait-il pas la plus riche matière épique ? n'ouvrait-il pas un vaste champ à l'essor poétique ? Aussi, ne soyons point surpris de la gloire cosmopolite qui s'est attachée au nom de Roland : Roland, c'est

---

(1) Eginhard. — Vie de Charlemagne.
(2) V. Otfried Müller. — Hist. de litt. gr. I, 4.

le héros martyr dont la légende portée sur les ailes de la renommée a fait, pour ainsi dire, le tour de l'Europe : l'Allemagne, l'Angleterre, l'Italie l'ont célébré à l'envi dans leurs chants populaires, il n'est pas jusqu'aux pays Scandinaves qui n'aient chanté la mort de ce glorieux vaincu. Mais c'est en France que notre héros fut surtout célébré et hier encore vous pouviez applaudir au Théâtre-Français l'homme de cœur et de talent qui sut, par le chemin de la terreur et de la pitié, nous ramener devant

> .... le théâtre du crime
> Ces monts Pyrénéens et ce fatal vallon,
> Où Roland a péri, livré par Ganelon (1) !

Dès le début du poëme, nous sommes au fait de la situation : Charlemagne a conquis presque toute l'Espagne : une seule ville est encore debout, Sarragosse, que Marsile occupe avec une nombreuse armée. Tremblant pour le sort de sa ville menacée d'une destruction certaine, le roi Sarrasin, d'accord avec son conseil, envoie au roi Charles, s'il veut consentir à quitter l'Espagne, de nombreuses richesses et la promesse de son abjuration. L'ambassade se met en route portant en signe de paix des rameaux d'olivier : elle arrive devant l'empereur et Blancandrin prend la parole pour exposer l'objet de sa mission. A peine a-t-il fini que l'empereur « baisse la tête et commence à penser (2); » à son tour, il rassemble son conseil, lui expose le dessein de Marsile, l'engage à prononcer sur ce qu'il convient de faire. Ici, comme souvent dans Homère, nous assistons à une véritable lutte

---

(1) Henri de Bornier. — La Fille de Roland, acte I, sc. 1.
(2) Li Empereres en tent ses mains vers Deu;
   Baisset sun chief, si cumencet à penser.
   (Chanson de Roland, I, IX, 140, 141.)

oratoire : c'est Roland qui se lève le premier pour combattre par des paroles violentes les projets de son oncle, c'est ensuite Ganelon dont la fierté hautaine se trahit à chaque mot et qui repousse avec énergie les conclusions de Roland ; voici le duc Naimes, le Nestor de cette autre Iliade : par ses sages conseils il engage Charlemagne à accepter les propositions de Marsile et conclut en disant : « Vous n'avez plus qu'à lui envoyer un de vos barons, » car il est temps que cette grande guerre prenne fin[1]. » Charlemagne se rend à cet avis et il ne s'agit plus que de trouver un messager. Naimes, Roland, Turpin, briguent successivement l'honneur de cette mission périlleuse, mais en vain ; Charlemagne ne peut consentir à les laisser s'éloigner. Tout-à-coup la voix de Roland se fait entendre : c'est à Ganelon, s'écrie-t-il, de porter le message ! A ces mots qu'accueille une approbation générale, Ganelon frémit de colère ; la tête haute, le regard enflammé, le geste terrible, il lance à son ennemi qui se rit de ses menaces de sinistres prédictions. Insulté par Roland en pleine Assemblée, contraint par lui d'accepter un message dont il redoute l'effet, Ganelon jure de se venger et pour satisfaire sa vengeance, il ne reculera pas devant une trahison. Monter à cheval, rejoindre l'embassade des Sarrasins, accuser auprès d'eux son ennemi d'être la cause de leurs maux communs, tels sont les préludes du crime dont il organise le plan en présence de Marsile. Attaquer Roland face à face et au milieu des siens, ce serait folie : ce n'est qu'en l'isolant et en le faisant tomber dans un guet-apens qu'on peut espérer le

---

[1] De voz baruns vus li manderez un.
Ceste grant guere ne deit munter à plus.
(Ch. de Rol., I, xvi, 242, 243.

vaincre. Et quoi de plus facile ? Charlemagne satisfait de la rançon de Marsile va repasser les Pyrénées ; conseillé par Ganelon, il placera Roland au poste du danger, à l'arrière-garde que les Sarrasins cachés dans les montagnes écraseront facilement. Ainsi fut fait. Déjà Charlemagne et son armée sont de l'autre côté des montagnes, seule, l'arrière-garde ayant à sa tête l'intrépide Roland chevauche encore au milieu des défilés. Nous touchons ici au point culminant du récit, le ton s'élève, l'expression s'agrandit, les scènes sublimes se succèdent et se pressent.

Monté sur une colline, Olivier voit les ennemis s'avancer de toutes parts, si nombreux qu'il n'en peut compter les bataillons. Eperdu, par trois fois il conseille à Roland de sonner du cor, trois fois Roland refuse : il ne veut pas, dit-il, « dans la douce France perdre sa gloire [1] » et il s'apprête au combat. L'ennemi est en présence, la bataille s'engage, on n'entend plus que le bruit du fer et de l'acier : les Français tout remplis des exhortations de l'archevêque Turpin et de leur général ont d'abord l'avantage, mais bientôt accablés par le nombre, ils commencent à plier. De sinistres présages semblent annoncer la défaite : le ciel s'obscurcit, la nue est sillonnée d'éclairs, la foudre roule dans l'étendue ses grondements formidables, la pluie, la grêle ajoutent à l'horreur de ce bouleversement de la nature. Est-ce le monde qui va finir ? se disent les hommes épouvantés ; non.

C'est le grand deuil pour la mort de Roland ! (2)

Roland en effet touche à son heure suprême : de ses com-

---

(1) Respunt Rollanz : « Jo fereie que fols ;
En dulce France en perdreie mun los.
(Ch. de Rol., II, LXXXVII, 1053, 1054.)
(2) La Fille de Roland. Acte I, sc. 2. Ce vers est la traduction exacte de celui de la chanson de Roland ·
C'est li granz doels pur la mort de Rollant. (II, CXVII, 1437.)

pagnons, il n'en reste que soixante et lui-même accablé de blessures désespère de la victoire. Il se décide alors à sonner de l'olifant, les veines de ses tempes se rompent sous l'effort, mais « le son va bien loin, car à trente » lieues de là, Charlemagne en entendit l'écho [1]. » A ce son bien connu l'empereur s'arrête : en vain le perfide Ganelon veut l'empêcher de retourner en arrière, sur son ordre, l'armée fait volte-face et revient en toute hâte du côté des Pyrénées. Cependant, Roland entouré de trois cents Sarrasins sonne une dernière fois du cor ; ses blessures sont nombreuses et profondes, il sent que la mort approche. Mais avant de fermer les yeux pour jamais il veut sauver du moins sa vaillante épée des mains des Infidèles : par trois fois il essaie de la briser sur un rocher qui cède, « l'acier grince, mais ni ne se rompt ni ne s'ébrèche [2]. » Il la couvre de son corps et se couche pour mourir : à la France sa dernière pensée, à Dieu sa dernière prière : il meurt, et son âme va recevoir dans la patrie céleste la récompense de l'héroïsme et de la vertu.

L'empereur qui est arrivé, pleure sur le corps de Roland, et à la vue de tant de guerriers massacrés pour sa cause, il sent monter dans son cœur le flot impétueux de la vengeance. Terribles sont les représailles : les Sarrasins s'enfuient après avoir essuyé deux défaites, et Béligant lui-même est immolé de la main de Charlemagne dans un combat singulier. Quant à Ganelon, traîné par des chevaux sauvages, il trouve dans une

---

(2) Granz trente liwes l'oïrent il respundre.
　　Carl l'oït e ses cumpaignes tutes. (II, CLV, 1756, 1757.
(2) Truist li aciers, ne freint ne ne s'esgruniet,
　　　　　　(Chanson de Roland, II, CXCVIII, 2302.

mort ignominieuse le juste châtiment de sa félonie et de sa lâcheté.

Telle est dans ses grandes lignes notre première épopée qui mérite, on l'a dit, d'être appelée notre Iliade, moins sans doute par les qualités de la forme souvent défectueuse que par celles de la pensée et de l'inspiration. Grandeur des caractères, noblesse des sentiments, élévation des pensées, toutes qualités qui distingueront un jour notre littérature, sont déjà dans la chanson de Roland, celles-ci encore en germe, celles-là presque complétement développées. Aussi fut-elle la source où vint puiser plus d'un poëte du moyen-âge : qui sait même, si, sans l'influence de la Renaissance dont l'effet fut de détourner l'esprit français de ses origines nationales pour le porter vers les temps lointains de la Grèce et de Rome, Corneille ne nous eût pas montré sur la scène un héros vraiment Français, et si Roland, idéalisé par sa muse sublime n'eût parlé le langage à la fois héroïque et touchant du Cid et de Polyeucte ? Si à ces qualités générales vous ajoutez celles qui font le charme et l'ornement de l'épopée, la vérité habilement mêlée à la fiction, la naïveté ou gracieuse ou sublime, l'agrément et la variété dans les descriptions et le récit des batailles, la rudesse éloquente des discours, la peinture animée de tout ce que l'héroïsme guerrier joint à l'héroïsme religieux peut enfanter de grand, vous comprendrez mieux encore comment la chanson de Roland mérite une place d'honneur dans notre littérature où elle forme, pour me servir de l'expression d'un ancien, un monument pour toujours. κτῆμα εἰς ἀεί (1).

Malheureusement l'épopée française ne devait pas se

---

(1) Thucydide. — Livre I, ch. XXII.

maintenir longtemps à cette hauteur, et avec la chanson de Raoul de Cambrai commence la décadence. C'est à la Normandie que nous devons demander maintenant des productions épiques dont l'ensemble, désigné sous le nom de Cycle Breton, offre avec le précédent un contraste frappant.

L'Arioste, au commencement de l'Orlando Furioso, annonce qu'il chante les dames et les chevaliers, l'amour et les armes, les courtoisies et les entreprises hardies : eh bien ! le Cycle Breton ne chante pas autre chose. Ses héros n'ont plus la tragique grandeur de Roland et de ses compagnons, leur âme plus tendre connaît d'autres enivrements que ceux de la victoire, si leur cœur bat pour la gloire, il ne reste pas insensible aux attraits de la beauté : en eux vit et respire la bravoure des barons féodaux dont ils ont dépouillé la rudesse et la galanterie dans le sens le plus pur et le plus élevé. Vous comprenez dès lors pourquoi dans ces poëmes qui s'appellent Lancelot du Lac, le Chevalier au Lion, Perceval le Gallois, les mœurs sont adoucies, les sentiments plus tendres, les caractères plus humains. Parmi les héros — moins connus, il est vrai, que ceux des épopées carlovingiennes — dont les exploits remplissent les poëmes du cycle breton, il en est un qui tient la place et le rôle attribués à Charlemagne dans nos Chansons de Gestes, c'est Artus. Ce roi qui vivait au VIe siècle et dont les hagiographes d'Angleterre ont relaté les exploits, célébrés dans les ballades et les lais des harpeurs avant de l'être dans l'épopée, avait succombé dans une bataille où périt avec lui l'indépendance de son pays. La légende, comme toujours, se mit à travailler sur cette mort glorieuse : des cantilènes d'abord courtes et expressives, puis bientôt développées au point de prendre les proportions d'une légende, firent d'Artus l'idéal de la bravoure et de la galanterie. Nouveau Charlemagne, commandant à des troupes innombrables, soutenu par des puissances magiques, il fut transformé en vainqueur du monde. Sa naissance est merveilleuse, son épée « Calibourne » possède une force surnaturelle : après avoir parcouru l'Europe en vainqueur, il rentre dans ses Etats, suivi d'une cour de rois et de chevaliers qu'il réunit autour de la Table-Ronde. Blessé dans une bataille où son neveu l'a trahi, des esprits mystérieux le portent dans une île d'où il sortira guéri pour venger sa patrie. Toutes ces légendes, toutes ces traditions, furent réunies par un trouvère normand, Robert Wace, dans une chronique rimée intitulée le Roman du Brut, qui, plus sérieuse que la fiction, plus fabuleuse que l'histoire, présente, comme on l'a dit, une « des formes de l'histoire primitive aspirant à » sortir de la période légendaire pour entrer dans l'é-» poque de certitude et de vérité [1]. » Citons encore, sans » nous y arrêter, le Roman du Rou dû au même trouvère, le Roman du Saint-Graal, et nous aurons indiqué les principaux monuments du Cycle Breton : vous y retrouveriez le caractère mystique et guerrier qui distingue ce cycle de celui des Chansons de Gestes et dont l'influence contribua à remplacer la barbarie des temps féodaux par un sentiment plus délicat de toutes ces vertus dont l'ensemble a porté depuis le beau nom d'humanité.

Ma tâche serait finie si l'antiquité, qui bien avant le temps de la Renaissance avait pénétré dans le cœur et la mémoire de nos poètes, ne leur avait fourni la matière d'un troisième cycle épique. Mais les œuvres qu'il nous

---

[1] Aubertin. — Hist. de la langue du Moyen-Age.

a léguées, et dont les plus connues sont le Roman de Troie et le Roman d'Enée, inspirés tous deux de l'Iliade et de l'Enéide, sont, il faut le reconnaître, trop souvent dépourvues d'intérêts. L'histoire défigurée ou travestie, les mœurs, les croyances, les coutumes du XIIᵉ siècle appliquées naïvement aux temps héroïques de la Grèce, la diffusion, la trivialité et jusqu'à la monotonie des vers à rimes plates, tout contribue à donner à ces poëmes un caractère que l'on a pu définir sans injustice, l'égalité dans la platitude. Il convient toutefois de faire une réserve pour la chanson d'Alexandre-le-Grand dont les auteurs, Lambert-le-Court et Alexandre de Bernay s'élevèrent au-dessus de la médiocrité régnante et communiquèrent à leur œuvre quelque chose de l'autorité de l'histoire en même temps qu'ils l'entouraient du prestige presque éteint de la poésie épique. Après eux, en effet, elle n'a plus que des lueurs vacillantes : la satiété d'abord, surtout le désaccord survenu entre les mœurs et les idées de la société ne tardèrent pas à précipiter la décadence d'un genre dont l'existence est essentiellement subordonnée à certaines conditions sociales qu'on ne rencontre qu'une fois dans la vie d'un peuple.

Telle est, Messieurs, esquissée à grands traits, la physionomie des trois principaux cycles épiques du moyen-âge, qui, vous l'avez remarqué, se succèdent dans un ordre correspondant à leur importance. J'aurais atteint mon but si cet exposé rapide, et dont je sens trop l'insuffisance, pouvait éveiller en vous le désir de mieux connaître nos origines littéraires et notre ancienne épopée. Que de personnes pour qui notre littérature ne commence encore qu'au XVIIᵉ siècle, et qui, dédaigneuses de tout ce qui précède, traitent volontiers de barbares, sur la foi d'une critique surannée, des œuvres qui honorent en même temps et leur auteur et le pays qui les a vues naître. Cette opinion admise pendant trois siècles ne doit plus être la vôtre et l'injuste mépris qui frappa le moyen-âge au lendemain de la Renaissance, vous ne sauriez le partager aujourd'hui. En vain la société transformée par des réformes successives a déplacé son ancien idéal, en vain nos institutions, nos lois, nos mœurs diffèrent essentiellement de celles du moyen-âge, tant que la vertu aura des serviteurs et que l'héroïsme agrandira les âmes, tant que Dieu sera aimé et la patrie respectée, on lira avec intérêt et souvent avec émotion nos vieilles épopées, qui, semblables à ces anciens monuments entretenus à grands frais, nous redisent la gloire de nos aïeux et nous remplissent d'un religieux respect pour la vaillante enfance de notre pays. Lisez-les surtout, jeunes gens, vous qui êtes l'espoir et le printemps de la France : je vous y convie au nom de la science que vous devez aimer, au nom de la patrie que vous devez servir, au nom de l'Université, dont la noble mission est de distribuer la lumière et d'élargir les horizons !

www.ingramcontent.com/pod-product-compliance
Lightning Source LLC
Chambersburg PA
CBHW061522040426
42450CB00008B/1741